Jay E. Adams

Festgefahren?

Angst, Ärger, ausweglose Situationen – und was man dagegen tun kann

BRUNNEN VERLAG GIESSEN/BASEL

ABCteam-Bücher erscheinen in folgenden Verlagen:
Aussaat- und Schriftenmissions-Verlag Neukirchen-Vluyn
R. Brockhaus Verlag Wuppertal
Brunnen Verlag Gießen
Christliches Verlagshaus Stuttgart
(und Evangelischer Missionsverlag)
Oncken Verlag Wuppertal und Kassel

Titel der amerikanischen Originalausgaben:
„Christ and Your Problems"
„What do You do, When Fear Overcomes You?"
„Godliness Through Discipline"

In deutscher Sprache
erstmals veröffentlicht in:
Jay E. Adams, „Festgefahren?" (1976)
und „Was tun, wenn?" (1977)

Die Deutsche Bibliothek – CIP-Einheitsaufnahme

Adams, Jay E.:
Festgefahren? : Angst, Ärger, ausweglose Situation –
und was man dagegen tun kann /
Jay E. Adams. Aus dem Amerikan. von
Hilary Leyton und Marie-Luise Rusche. –
4. Aufl. – Giessen ; Basel :
Brunnen-Verl., 1992
(ABC-Team)
ISBN 3-7655-3055-7

Umschlagfoto: Medienteam AV, P. Ruppert
Satz: Typostudio Rücker & Schmidt, Langgöns
Herstellung: Ebner Ulm

Inhalt

Probleme – Auf die Perspektive kommt es an

Entschuldigen Sie bitte ...

„Aber andere Eltern machen ihren Kindern doch auch nicht solche Vorschriften wie meine!“

„Wenn Sie mit einer Frau wie meiner zusammenleben müßten, dann ...!“

„Hören Sie, niemand hat jemals auch nur annähernd das durchzumachen gehabt, was ich durchmache!“

„Sie hätten bestimmt auch nicht anders reagiert, wenn Ihnen so etwas gesagt worden wäre!“

Solche und hunderterlei ähnliche Einwände bekommen Seelsorger täglich zu hören. Am Ende läuft es immer auf folgendes hinaus: „Bitte verlangen Sie jetzt bloß nicht von mir, mich als Christ zu verhalten. Das ist in meinem Fall – wie die Dinge nun einmal liegen – ganz unmöglich!“

Ist es das wirklich?

Paulus antwortet darauf klar und unmißverständlich: „Nein, man kann sich seiner Verantwortung, als Christ zu leben und zu handeln, nicht einfach entziehen, indem man behauptet, man befände sich in einer einmalig schwierigen Situation.“ Paulus weist darauf hin, daß kein Fall einmalig ist: „Es hat euch noch keine Versuchung getroffen über menschliches Ausmaß hinaus“ (1. Kor. 10,13). Und er sagt auch, warum es keine Ausnahmen gibt: Weil zu allen Zeiten alle Menschen denselben Grundproblemen gegenüberstanden. Darum kann sich Paulus auch in diesem Brief, in dem er sich an eine Gemeinde wendet, die in der Mehrzahl aus Heidenchristen bestand, auf Gottes Handeln mit dem Volk Israel aus den Tagen eines Mose berufen.

Paulus sah hinter den Spiegel von Zeit, Raum, Sprache und Kultur, als er sagte: „Solches aber widerfuhr jenen als ein Vorbild. Es ist aber geschrieben uns zur Warnung ...“ (1. Kor. 10,11). Dasselbe gilt auch für uns.

Sicherlich sind die Erscheinungsformen der Probleme unterschiedlich. Nicht zwei Lebenssituationen gleichen sich aufs Haar. Aber was Paulus herausstellen will, ist folgendes: In all diesen verschieden gelagerten Fällen ist erkennbar, daß die Probleme der Israeliten in der Wüste und die Versuchungen der Korinther im Römischen Reich von denen der heutigen Menschen gar nicht so weit entfernt sind.

Gott hat sich nicht verändert. Seine Weisungen und Gebote sind nicht veraltet, und auch der sündhafte Mensch ist immer noch derselbe. Darum ist die Botschaft der Bibel heute genauso aktuell wie damals, denn auch heute noch erkennt der schuldiggewordene Mensch, daß die Antwort auf die Probleme des Lebens in der Botschaft von der Vergebung Gottes besteht.

Diese Botschaft berichtet uns von Jesus Christus, der Mensch wurde, um in Gottes erwähltem Volk zu leben und zu sterben. Er hatte Hunger wie wir, wurde nicht verstanden, erlebte Haß, Enttäuschungen und qualvolle Stunden wie wir. Er wußte, wie schwierig es ist, vor Gott Entscheidungen zu treffen, während sich andere leichtfertig ihren schwankenden Stimmungen hingeben. Er erlebte am eigenen Leib, wie bitter der Treuebruch eines Freundes oder das Nicht-mehr-kennen-Wollen derjenigen war, denen seine ganze Liebe gegolten hatte. Er war „versucht in allen Stücken wie wir, doch ohne Sünde".

Wenn jemals ein Mensch hätte geltend machen können, seine Situation sei ein Ausnahmefall, dann *er!* Und doch entzog er sich niemals der Verantwortung gegenüber Gott und den Mitmenschen. Er lebte uns ein heiliges Leben vor, wie Gott es von jedem erwartet. Ja, er konnte Gott so sehr zufriedenstellen, daß seine Gerechtigkeit uns zugerechnet wird, wenn wir ihn als unseren Erretter, als den, der für uns bezahlte, annehmen.

Da er all das, was wir jetzt erleiden, schon vor uns durchlitten hat, können auch wir mit seiner Hilfe unsere Schwierigkeiten meistern. Darum sagt Paulus: „Es hat euch noch keine Versuchung getroffen über menschliches Ausmaß hinaus!" Mit Christus können wir allen Schwierigkeiten des Lebens so begegnen, wie Gott es haben will. In einer Zeit, in der es als gebildet gilt, die Ursache für das eigene schuldhafte Verhalten auf andere abzuschieben, ruft Christus uns zu einem Leben in der Verantwortung vor Gott.

Wenn von uns erwartet wird, „die andere Wange auch noch hinzuhalten" oder „denen Gutes zu tun, die uns verachten", ist damit nicht die Resignation gemeint. Christus betete und starb für uns, als wir noch seine Feinde waren. Er ging den verantwortungsvollen Weg nach Golgatha. Geben wir es also auf, unser falsches Verhalten ständig zu entschuldigen! Schieben wir nicht unsere Verantwortung auf andere ab! Statt dessen wollen wir aus der Kraft des Heiligen Geistes leben, „würdig der hohen Berufung, zu der wir berufen sind“.

Wir sitzen alle im selben Boot

Wenn der Arzt uns erklärt: „Keine Angst, es ist nur eine leichte Operation“, dann glauben wir ihm nicht ohne weiteres.

Niedergeschlagen gehen wir nach Hause. Man spricht mit seiner Frau und hofft, von ihr ermutigt zu werden. „Liebling“, sagt sie, „es kann nicht schlimm sein. Onkel Fred hatte vor achtzehn Jahren dieselbe Operation, und du weißt doch, daß er heute noch eine eiserne Gesundheit hat.“

Am nächsten Tag erwähnt man seinem Chef gegenüber den Kummer. Der versichert: „Ich habe dieselbe Operation hinter mir und war nach zwei Tagen wieder auf den Beinen!“

Ein Kollege stimmt ihm spontan bei: „Ja, ich habe einen Nachbarn, der war in knapp zwei Wochen wieder arbeitsfähig.“

Immer wieder bekommt man ähnliche Antworten, sobald man nur die bevorstehende Operation erwähnt. Und nach kurzer Zeit ist die Besorgnis wesentlich kleiner geworden.

Oder ein anderes Beispiel: Ich bin einmal durch den sogenannten „Garten der Götter" im amerikanischen Staat Colorado gefahren. Dort gibt es herrliche Naturwunder inmitten einer in vielen Farben wundervoll strahlenden Landschaft.

Urplötzlich kann man jedoch mit einer unliebsamen Überraschung konfrontiert werden: Vor einem taucht drohend eine nackte Felswand auf. Die Straße, auf der man sich befindet, führt direkt darauf zu und verschwindet in einer Spalte, so eng, daß man anscheinend nur mit großer Mühe einen Kleinwagen heil hindurchbringt. Hält man dann erschrokken Ausschau nach einem Platz zum Wenden, fällt das Auge auf ein kleines Schild mit der Aufschrift: „Engpässe! Du kommst durch! Eine Million anderer haben es auch geschafft!"

Was meinen Sie? Eineinhalb Minuten später hat es sogar noch einer mehr geschafft!

Wie kommt es, daß wir uns so vertrauensvoll auf den Operationstisch legen? Warum riskieren wir, in einem Engpaß steckenzubleiben? Darauf gibt es sicher nur eine Antwort:

Weil andere uns sagten, daß sie schon vor uns solche Schwierigkeiten gemeistert haben. Und das ist der zweite Grund, warum Paulus den Korinthern schreiben konnte: „Es hat euch noch keine Versuchung getroffen über menschliches Ausmaß hinaus."

Doch Paulus ruft uns durch diese Worte nicht nur zur Verantwortung auf. Er möchte uns auch Mut machen. Etwa so: „Wenn sich andere erfolgreich derselben Operation unterzogen haben, werde ich es ebenso können. Wenn eine Million anderer Fahrzeuge heil durch den Engpaß gekommen sind, werde ich es mit meinem Wagen auch schaffen. Wenn viele hundert anderer Christen es gelernt haben, das Nichtverstandensein zu erdulden, ihre Kinder zu erziehen, mit schwierigen Ehepartnern und Schwiegermüttern zu leben; wenn sie getrost an der Seite des Guten Hirten durchs Tal der Todesschatten gewandert sind, dann kann ich das auch."

Das ist die Einstellung, die ein Mensch braucht, der in einer Welt lebt, in der es viel zu ertragen und zu erdulden gibt.

Es ist wahr, daß die Schwierigkeiten in unseren Tagen komplizierter geworden sind, obwohl sie im Grunde denen der Menschen anderer Zeiten gleichen. Sie haben sich in einer ungeahnten Weise vervielfacht. Dennoch wollen wir nicht vergessen, daß Jesus Christus Anfechtungen und Schwierigkeiten gegenüberstand, die die unseren als vergleichsweise harmlos erscheinen lassen. Und Jesus bewältigte diese Schwierigkeiten ohne Sünde!

Unsere Anfechtungen und Probleme sind nicht so groß und verzwickt, sind nicht so bedeutend und folgenschwer; aber wir haben dieselbe Zufluchtsstätte wie Jesus. Auf dem Berg der Versuchung hat Jesus sich dreimal auf die Heilige Schrift berufen und damit die Absicht des Versuchers durchkreuzt, ihn von seinem Weg abzubringen. Dieser Weg führte ihn ans Kreuz, wo er den Hohn und Spott der Welt und den Zorn des Himmels ertragen sollte. Hier wurde er so behandelt, als ob er, der heilige Sohn Gottes, gelogen und gelästert hätte, als ob er Unzucht und Ehebruch getrieben, gehaßt und gemordet hätte. Welch eine Liebe wurde sichtbar, als er sich standhaft weigerte, den leichten Weg zu gehen, der ihm alle Königreiche dieser Welt eingebracht hätte!

An solcher inneren Festigkeit, die er gewann, nachdem er vierzig Tage und Nächte gebetet hatte, erkennen wir, welche Kraft aus dem Wort Gottes kommt. Jesus handelte nicht nach Gefühlen, auch nicht angesichts eines drohenden Hungertodes (Matth. 4). Sein Verhalten sollte in allem klar mit dem Wort Gottes übereinstimmen. Als er sprach: „Der Mensch lebt nicht vom Brot allein, sondern von einem jeden Wort, das durch den Mund Gottes geht“, da gab er uns den Schlüssel zur Lösung unserer Lebensprobleme. Die Lösung liegt darin, daß wir den Maßstäben der Bibel folgen, wie Jesus es tat.

Gott läßt es zu, daß wir mit Problemen und Schwierigkeiten konfrontiert werden wie andere Menschen auch, damit er an uns das Wunder seiner Kraft und Gnade sichtbar werden lassen kann.

Wir wollen aufhören, uns zu beklagen, zu jammern und uns mit Ängsten herumzuquälen. Nehmen wir doch die Bibel in die Hand, und richten wir uns danach. Dann werden sich unsere Schwierigkeiten so lösen, wie Gott es gewollt hat: Zur Ehre seines Sohnes Jesus Christus.

Man kann sich gegenseitig helfen

Bernd hatte Sorgen. Wohin sollte er sich wenden? Er hatte aus einer Notlage heraus Gelder veruntreut, obwohl er Christ war. Nun war er niedergeschlagen wegen seiner Schuld, und außerdem hatte er Angst vor der Entdeckung. Seine beruflichen Leistungen ließen nach. Seine Frau drängte ihn, doch zum Psychiater zu gehen.

In seiner Verzweiflung ging Bernd zu einem Pfarrer. Er klagte ihm seine hoffnungslose Lage und bat um Hilfe. Einerseits wollte er sich gern dem Pfarrer ganz offenbaren, andererseits fürchtete er sich vor den möglichen Konsequenzen. Im stillen hoffte er, der Pfarrer würde seine Geschichte irgendwie herausbekommen, aber zu seiner großen Enttäuschung empfahl ihm dieser, zu einem „Fachmann" zu gehen.

Bernd landete in einer Nervenklinik und unterzog sich einer langwierigen Behandlung. Er wurde seiner Familie entfremdet und von den Freunden beargwöhnt. Bei seinen seltenen Besuchen zu Hause spielten zwar alle die Teilnahmsvollen, aber er erriet ihre wahren Gefühle. Es wäre ihm wohl viel Leid erspart geblieben, wenn ihm jemand geholfen hätte, seine Schuld zu bekennen und zu begleichen, wie Gott es von ihm forderte.

Das ist jedoch nicht das einzig Traurige in dieser Geschichte. Bernd hatte versagt, aber ebenso seine Frau und der Pfarrer. Weder die

Therapie noch die Einweisung in eine Nervenklinik wären nötig gewesen, wenn er den Weg der Vergebung und Wiedergutmachung gegangen wäre. Aber die Menschen um ihn haben ihm nicht klargemacht, daß die Depressionen eventuell von einer nicht bekannten Schuld herrühren könnten. Diese Möglichkeit erwogen sie nicht. Heute sind viele von einem nahezu ausschließlichen Glauben an die Macht der Psychotherapie so durchdrungen, daß sie andere Ursachen gar nicht in Betracht ziehen. Auf diese Weise wird wirksame Hilfe oft versäumt.

Jeder Seelsorger, der schon einmal in einer Nervenklinik gearbeitet hat, kann feststellen, daß dort viele Menschen sind wie Bernd. Diese Leute – und ein Teil von ihnen sind Christen – könnten heute ein produktives Leben führen, wenn sie den biblischen Weg der Vergebung und Befreiung gegangen wären.

Natürlich sind nicht alle Verhaltensstörungen auf das Problem einer unvergebenen Schuld zurückzuführen. Es gibt Menschen, die an Stoffwechselerkrankungen leiden, an Tumoren im Gehirn oder an anderen organischen Schäden. Aber die Zahl derjenigen, deren Schwierigkeiten organischen Ursprungs sind, ist vergleichsweise gering. Eine große

Zahl der Patienten in Nervenkliniken ist nicht wirklich krank. Zwar haben sie möglicherweise Magengeschwüre oder sogar Lähmungserscheinungen bekommen aus Angst, ihre Schuld würde entdeckt, aber das sind nur die Folgen ihrer Probleme, nicht die Ursache. Die Antwort auf solche Schwierigkeiten liegt letztlich nicht in der Psychologie, sondern bei Jesus Christus.

Die Gemeinde Jesu hat es allerdings versäumt, auf diese Tatsache hinzuweisen, und damit ihr „Erstgeburtsrecht" verkauft. Was ist aus ihrer urchristlichen Bedeutung – eine Gemeinschaft von Menschen zu sein, die anderen zurechthelfen können – geworden?

Wo findet man heute noch eine Gemeinde, in der die einzelnen Glieder sich gegenseitig „anspornen zu guten Werken" (Hebr. 10,24)? Wo helfen Christen tatsächlich einander, die Last zu tragen (Gal. 6,1.2)? Wo setzt man sich noch zur Bereinigung einer Angelegenheit zusammen, wenn man einander Unrecht getan hat (Matth. 5,23-24; 18,15-20)? Kein Wunder, daß es so viel Bitterkeit, üble Nachrede und Verstimmung in der Gemeinde gibt, wenn die Christen es unterlassen, den Weg der Aussöhnung zu gehen, den Jesus uns zeigt!

Ist es nach allem überhaupt noch denkbar,

daß jedes einzelne Glied am Leib Christi wieder anfängt, seine Funktion zu erfüllen, so daß „der ganze Leib sich selbst auferbaut in der Liebe" (Eph. 4,16)? Es kann geschehen, sobald wir anfangen, die dritte Folgerung aus 1. Korinther 10,13 zu ziehen: „Es hat euch noch keine Versuchung getroffen über menschliches Ausmaß hinaus."

Wenn die Probleme im Grunde bei allen dieselben sind, dann können Christen, die gelernt haben, ihre Probleme nach Gottes Willen zu lösen, auch anderen helfen, ihre Probleme zu lösen.

Geistlich gereifte Christen sind dieser Aufgabe gewachsen, viel besser als jeder, der sich selbst die Richtung weist, auch wenn er als „Fachmann" gilt.

Darauf ist Verlaß

Versprechen wir zuviel, wenn wir sagen: Christen können alle Schwierigkeiten mit Gottes Hilfe ertragen und lösen?

Entgegen aller menschlichen Möglichkeiten hat Gott die Erlösung des schuldiggewordenen Menschen versprochen *und durchgeführt.* Gottes Ja zu uns ist unüberhörbar. In seinen Verheißungen gibt es keine Spitzfindigkeiten; wenn er etwas verspricht, führt er es auch durch. Deshalb können wir mit gutem Grund mit der Lösung unserer Schwierigkeiten rechnen, denn Gott hat in seinem Wort versprochen: „Es hat euch noch keine Versuchung getroffen über menschliches Ausmaß hinaus. Gott hält euch die Treue."

Viele Menschen kommen in die seelsorgerliche Beratung, obwohl sie schon alle Hoffnung aufgegeben haben. Sie haben bereits alles mögliche versucht, aber die Sache ist nur noch schlimmer geworden. Sie kamen immer vom Regen in die Traufe. Ihre Zuversicht ist auf dem Nullpunkt. Viele, die schon jahrelang ohne Erfolg Psychiater konsultiert haben, sind allen Versprechungen gegenüber skeptisch geworden. Aus Furcht, wieder schmerzlich enttäuscht zu werden, sperren sie sich innerlich gegen alles, was neue Hoffnung wekken könnte.

Solche Menschen müssen mit dieser Verheißung konfrontiert werden: „Gott hält euch die Treue!" Letztlich rühren doch alle Enttäuschungen daher, daß man seine Hoffnung auf Menschen und ihre Versprechungen gesetzt hat. Psychologen mögen ihren Patienten in Aussicht stellen: „Sie wissen, daß die Analyse

Ihres Falles eventuell eine lange Zeit dauern wird, und garantieren kann ich nichts!" Gott dagegen sagt mit Nachdruck: Baut auf meine Treue, auf die Vertrauenswürdigkeit meines Wortes und meiner Person! Gott *gibt eine Garantie* und macht keine vagen Versprechungen!

Die Lösung unserer Probleme beginnt damit, daß wir unsere Verantwortlichkeit für alles, was Gott uns schickt, erkennen. Da muß dann zunächst die Schuld bekannt werden, daß wir Gott nicht vertrauen. Er hat uns seine Treue versprochen. Nicht alle Schwierigkeiten werden dadurch sofort verschwinden, aber unsere Einstellung ihnen gegenüber kann sich gründlich ändern. Das Vertrauen in Gottes Durchhilfe richtet etwas aus, es befreit und errettet. Selbstmitleid und Entschuldigungen dürfen wir dann getrost aufgeben und uns auf Gottes Zusagen verlassen, denn: „Gott hält euch die Treue!"

Das kann ich nicht!

„Ich kann das nicht!" Das waren die Worte einer gläubigen Frau, der gerade klargeworden war, was Gott in ihrem Fall von ihr wollte. Sie bäumte sich dagegen auf. Es sei ihr unmöglich, in dieser Sache zu gehorchen. Sie behauptete, sie hätte einfach nicht den nötigen Mut und die Kraft dazu. Aber bringt Gott Menschen in Situationen, in denen er ein Verhalten von ihnen erwartet, das „unmöglich" ist?

Lars war verheiratet mit einer Frau, die sich um nichts anderes kümmerte als um sich selbst. Sie hatte ihre Ehe, ihre Kinder und Freunde geopfert, um ihre eigenen, selbstsüchtigen Wünsche zu befriedigen. In Lars' Schilderung war alles schwarz in schwarz – ohne jeden Hoffnungsschimmer. Als er seinen Bericht bis in die letzten traurigen Details beendet hatte, lehnte er sich mit einem Seufzer zurück und sagte: „Nun sehen Sie selbst, warum ich das nicht mehr länger ertragen kann."

Konnte er es wirklich nicht? Sollte er alles hinnehmen? Gibt es wirklich Menschen, die von ihrer Veranlagung her oder aus anderen Gründen nicht tun können, was Gott verlangt?

Die Bibel sagt ganz klar, daß Menschen wegen ihrer Sünden aus ihrer Verantwortung „aussteigen" und es versäumen, ihre Pflichten zu erfüllen.

Paulus gestattete keinem Christen die Ausrede: „Ich kann das nicht." Er schreibt: „Es hat euch noch keine Versuchung getroffen über menschliches Ausmaß hinaus. Gott hält euch die Treue. Er läßt es nicht zu, daß ihr über euer Vermögen hinaus versucht werdet. Er wird zusammen mit der Versuchung auch den Ausweg für euch schaffen, so daß ihr die Versuchung durchstehen könnt."

Wenn Gott also niemals Prüfungen schickt, die über unser Vermögen gehen, hat kein Christ ein Recht zu sagen: „Ich kann nicht." Wenn Gott die Prüfungen geschickt hat, können wir sie ertragen. Die Form jeder Prüfung, wie schwer sie ist und wann in unserem Leben wir damit fertigwerden müssen, all das ist maßgeschneidert. Gott selbst ist der „Schneider". Keine Not oder Versuchung ist zu groß oder zu eng. Sie paßt genau.

Da kommt der Einwand: „Ich glaube nicht, daß mein Glaube so stark ist, daß ich etwa in Zeiten der Verfolgung so standhaft bleiben könnte wie dieser oder jener."

Aber Gott verspricht ja auch nicht, daß wir die Kraft für die Schwierigkeiten von morgen schon heute bekommen. Oft wird uns die Kraft erst mit dem gehorsamen Tun geschenkt. Vielleicht können wir mit den

Schwierigkeiten, die, wie wir meinten, gestern unmöglich zu bewältigen waren, heute schon besser fertigwerden.

Ein Mensch, der Gottes Heiligen Geist empfangen hat, braucht nie zu sagen: „Ich kann das nicht!" Im Glauben darf er sprechen: „Ich vermag alles durch den, der mich mächtig macht, Christus!" (Phil. 4,13).

Es ist sehr wichtig, sich diese Grundeinstellung anzueignen. Ein Christ, der jammert: „Ich schaff' das nicht! Ich bin hilflos!" überläßt sich der Herrschaft der Sünde. Als Gottes Ebenbild soll er aber über die Erde mitsamt ihren Schwierigkeiten herrschen.

Die Bibel gibt uns Anweisungen und Verheißungen, die uns in die Lage versetzen, alle Notlagen des Lebens zu meistern. In ihr finden wir die Grundsätze, die uns ein Leben ermöglichen, das Gott gefällt.

Paulus übersieht keineswegs die Größe unserer Schwierigkeiten, wenn er sagt: „Wir können sie ertragen." Gott wird nämlich niemals zulassen, daß wir etwas tragen müssen, was über unsere Tragfähigkeit hinausgeht. Gott hält Wort.

Ich bin in der Klemme

Mir gegenüber sitzt eine gläubige Christin. Das vergrämte Gesicht und die geröteten Augen unterstreichen die traurige Geschichte, die sie erzählt: Ihre Ehe ist kaputt. Der Mann vernachlässigt seine Frau und tyrannisiert die Kinder. Er fängt alle möglichen Liebschaften an, um sie zu demütigen und zu quälen. Und das scheint ihm auch noch Spaß zu machen.

Eines wird klar: Die junge Frau ist nicht durch irgendein Schimpfwort oder eine handfeste Beleidigung so aus der Fassung geraten, sondern vielmehr durch die Feststellung, daß sie keinen Ausweg aus dieser traurigen Lage sieht. Am Ehehimmel ist für sie kein winziger Hoffnungsschimmer zu erkennen. Sie sitzt in der Klemme.

Diese Frau ist nicht die einzige, die in der Klemme sitzt. Schwierigkeiten in der Ehe gibt es mehr als genug. Die Kinder sind vielleicht erwachsen, das jüngste steht im Begriff zu heiraten und das Elternhaus zu verlassen. Zurückgeblieben sind Ihr Mann und Sie. Den Rest Ihrer Tage werden Sie miteinander auskommen müssen. Im stillen denkt man: Das Leben war erträglicher, als die Kinder noch im Hause waren. Sie gaben dem Leben einen

Sinn und brachten Fröhlichkeit hinein. Aber jetzt? Plötzlich kommt mir das Zuhause vor wie eine Gefängniszelle. Man fühlt sich auf Lebenszeit eingeschlossen mit einem Mann, der einen nicht versteht und den man selbst nicht mehr versteht. Zwei Eheleute sind sich fremd geworden.

Es kann aber auch sein, daß man nur noch aus der Erinnerung lebt. Das wunderschöne Heim, das man einmal bewohnte, mußte aufgegeben werden. Der Mann ist längst tot, und man kehrt jeden Abend in dasselbe einsame Zimmer zurück. Da sitzt man nun und starrt seine vier Wände an, bis es Zeit ist, schlafenzugehen. Diese Mauern sind kein bißchen besser als die Wände einer Zuchthauszelle. Man kommt sich vor wie lebendig begraben – zur Einzelhaft verurteilt.

Oder da ist vielleicht ein Geschäftsmann in den Sog ständig wachsender Verpflichtungen und Termine hineingeraten. Ihn bedrängt der wachsende Leistungsdruck bei der Produktion, beim Verkauf, und er hegt den dringenden Wunsch, ein besserer Ehemann und Familienvater zu sein. Aber das eine gründlich tun, bedeutet, das andere vernachlässigen. Die verschiedenen Verpflichtungen scheinen ihn in entgegengesetzte Richtungen zu treiben.

Hören wir noch einmal auf Gottes Wort: „Es hat euch noch keine Versuchung getroffen über menschliches Ausmaß hinaus. Gott hält euch die Treue. Er läßt es nicht zu, daß ihr über euer Vermögen hinaus versucht werdet. Er wird zusammen mit der Versuchung auch den Ausweg für euch schaffen, so daß ihr die Versuchung durchstehen könnt."

Gott verspricht uns in seinem Wort, daß er uns nicht in einer ausweglosen Lage steckenlassen will. Christen sind niemals in einer Falle, aus der es kein Entrinnen mehr gibt. Gott kann auch die Wände unserer Zelle einstürzen lassen wie einst die Mauern Jerichos.

Weil jene junge Frau sich in einer ausweglosen Situation sah, tat sie, was nach ihrer Meinung das einzig richtige war: Sie versuchte „auszusteigen". Sie wollte aufgeben, Schluß machen, endgültig. Aber ihre Lage war nur noch komplizierter geworden, indem sie ihre Verpflichtungen als Mutter und Ehefrau aufgekündigt hatte. Was als einziger Ausweg erschien, war in Wirklichkeit eine Sackgasse. Ihr Schuldbewußtsein führte zu Depressionen, in deren Verlauf sie sich um nichts mehr kümmerte, was neue Schuldgefühle hervorrief und verstärkte Depressionen. Es war eine unaufhaltsame Abwärtsspirale.

Doch Gott verspricht in seinem Wort, daß er mit der Trübsal auch die Hilfe schickt, mit der Prüfung auch den Ausweg: „Er wird zusammen mit der Versuchung auch den Ausweg für euch schaffen, so daß ihr die Versuchung durchstehen könnt."

Jedes Problem hat seine Lösung, und jede Prüfung ist für Gotteskinder einmal zu Ende. Der Christ fürchtet weder den Tod noch das Leben. Er weiß, daß Jesus Christus den Kerker betreten hat und durch die Mauer des Todes hindurchgestoßen ist.

Welchen Ausweg Gott auch immer für uns bereithält, es wird der beste Weg sein. Allein das Wissen um die zeitliche Begrenztheit der Not ist schon äußerst beruhigend. Diese Gewißheit befähigt uns, unseren Weg weiterzugehen. Sie spornt uns an und trägt dazu bei, in der Verantwortung vor Gott zu bleiben. Das gibt neue Hoffnung. Man kann alles leichter ertragen, wenn man weiß, daß es einmal ein Ende hat.

Sitzen Sie in der Klemme? Dann fangen Sie an zu singen, wie Paulus und Silas, die um Mitternacht sangen, als sie in ihrer Gefängniszelle in Philippi lagen. Wenn Gottes Stunde gekommen ist, werden sich die Verhältnisse ändern. Die Grundmauern des Gefängnisses werden erbeben, und die Tür des Kerkers wird sich nach Gottes Verheißung durch seine Kraft endlich öffnen!

Zorn – und was man dagegen tun kann

Ist Zorn verboten?

Wie kann man mit dem Zorn auf Gottes Art und Weise fertigwerden?

Ich möchte gleich zu Anfang betonen, daß Zorn nicht unbedingt verkehrt ist. Manche Christen meinen, Zorn sei von vornherein Sünde. Aber das ist nicht die Ansicht der Bibel. Jede Gefühlsregung, deren wir fähig sind, ist uns von Gott zu einem bestimmten Zweck gegeben. Unter gewissen Umständen ist Zorn eine sehr angemessene Gemütsäußerung, und selbst Haß kann richtig sein.

Wir lesen in den Psalmen: „Ihr, die ihr Gott liebt, haßt das Böse!" (Ps. 97,10). Selbst eine an sich so zerstörende Kraft wie der Haß kann also richtig eingesetzt werden. Und in Psalm 7,12 haben wir ein Beispiel für gerechten Zorn: Gott ist zornig über den Ungerechten.

In Markus 3,5 wird uns berichtet, daß Jesus sich voller Zorn umdrehte und zu den Pharisäern sprach. Diesen Zorn Jesu erfuhren auch die Händler, die er aus dem Tempel trieb, als er einen Strick nahm, die Geldwechsler zum Tempel hinausjagte und die Tische umstieß, so daß das Geld in alle Richtungen rollte. Dahinter stand ein gerechter Zorn. Die Bibel erklärt sein Handeln mit den Worten: „Der Eifer um das Haus seines Vaters hat ihn gefressen." Und das ist eine sehr plastische Formulierung für heftigen Zorn.

Zorn ist also nicht immer verkehrt. Aber weil der Zorn eine so starke Emotion ist, kann er auch eine Katastrophe anrichten, wenn er nicht in die richtigen Bahnen gelenkt wird. Es ist darum sehr leicht möglich, daß wir im Zorn verkehrt handeln. Deshalb werden wir im Epheserbrief gewarnt: „Zürnt ihr, so sündigt nicht! Laßt die Sonne nicht über eurem Zorn untergehen!" (Eph. 4,26). Hier ist von einem berechtigten Zorn die Rede, der sich aber sehr leicht in einen ungerechten Zorn verwandeln kann. Deshalb müssen wir auf diese Warnung hören und ihr folgen.

Es gibt zumindest zwei Möglichkeiten, daß Zorn zur Sünde wird. Zunächst dadurch, daß wir über die falschen Dinge zornig sind. Jemand wird zornig, weil ein anderer seine Gefühle verletzt hat. Wir haben aber nicht das Recht, hochzugehen, weil andere über uns reden. Meistens reagieren wir ja um so empfindlicher, je mehr der andere die Wahrheit sagt. Dieser Zorn ist Sünde.

Zorn ist auch dann Sünde, wenn er auf falsche Art und Weise zum Ausdruck gebracht wird. Die biblische Ausgewogenheit zu praktizieren, fällt uns auch in anderen Bereichen des Lebens schwer.

Die Bibel sagt, es gibt eine Zeit für alles. Wir müssen nur herausfinden, welche Zeit aus der Sicht Gottes wofür geeignet ist. Das betrifft auch die Frage, ob, wann und wie man dem Zorn Ausdruck verleiht.

Das andere Problem in diesem Zusammenhang hat praktisch die ganze Kirchengeschichte mitbestimmt. Es ist die richtige Zuordnung von Wahrheit und Liebe. Immer wieder wurden diese beiden Forderungen gegeneinander ausgespielt. Zur Zeit der Inquisition wurden Menschen umgebracht im Namen der Wahrheit. Andererseits reden Menschen häufig von Liebe, wenn sie in Wirklichkeit Sünde entschuldigen wollen.

Aber in keinem Fall dürfen wir es mit der Liebe auf Kosten der Wahrheit halten oder mit der Wahrheit auf Kosten der Liebe. Die Bibel sagt uns vielmehr, daß wir in der Wahrheit lieben sollen. Wahrheit und Liebe sind untrennbar miteinander verbunden.

Was wir also zunächst einmal lernen müssen, wenn wir unsere alten Lebensgewohnheiten durchbrechen wollen, ist: Nicht ständig die Liebe zu verletzen – und nicht ständig die Sünde zu entschuldigen. Jeder von uns hat die Tendenz, genau das zu tun und von einem Extrem ins andere zu fallen.

Ich habe oft erlebt, daß junge Menschen zu uns zur Beratung kamen. Sie sagten, sie wollten frei sein von ihren Eltern: „Ich tue einfach nicht, was meine Eltern von mir verlangen!" Aber auf diese Art und Weise waren sie noch stärker von ihren Eltern abhängig geworden als vorher. Alles, was sie taten, war eine Reaktion auf die Wünsche ihrer Eltern. Der Mensch, der wirklich frei ist, kann unter Umständen gerade das tun, was die Eltern von ihm verlangen, nicht, weil die Eltern es verlangen, sondern weil es in Gottes Augen richtig ist.

Auftretender Zorn kann auf zweierlei Weise abgeleitet werden: Nach außen und nach innen. Man kann explodieren oder den Zorn in sich hineinfressen.

Seinem Zorn freien Lauf lassen?

Viele Menschen glauben, daß der Zorn nach außen abgeleitet werden muß. Die gängigen Theorien in der heutigen Psychotherapie liegen alle auf dieser Linie. Man sagt: Wenn man den Zorn verdrängt, kann das großen Schaden anrichten. Das ist richtig. Man soll deshalb seinem Zorn irgendwo freien Lauf lassen. Das halte ich für falsch.

In manchen Gruppentherapien kann das so aussehen, daß ein Teilnehmer dazu ermutigt wird, seinen Zorn gegenüber einem Menschen, etwa der Mutter, an einem Objekt abzureagieren.

Eh man sich versieht, schlägt man wie wild auf ein Kissen ein. Die Federn fliegen im ganzen Zimmer herum – und im Herzen hat man seine Mutter umgebracht.

Aus der Sicht der Bibel ist diese Art der Hingabe an den Zorn verkehrt. In den Sprüchen Salomos ist oft davon die Rede, zum Beispiel in Sprüche 29,11: „Ein Tor schüttet all seinen Unmut aus, aber ein Weiser beschwichtigt ihn zuletzt."

Gott sagt uns im Buch der Sprüche, daß nur ein Narr seinem Zorn freien Lauf läßt, und genau dazu fordert man uns auf. Aber das ist keine Lösung unseres Problems.

Den Zorn in sich hineinfressen?

Nehmen wir jetzt das andere Extrem: Daß man nämlich den Zorn in sich hineinfrißt. Wir erinnern uns: In Epheser 4,26 heißt es: „Zürnt ihr, so sündigt nicht! Laßt die Sonne nicht über eurem Zorn untergehen."

Ein Ehepaar besuchte unser Beratungszentrum. Da saßen sie nun; sie sehr selbstbewußt, er eher ängstlich.

„Ich bin hier, weil mein Hausarzt mich geschickt hat", begann sie das Gespräch. „Ich bin drauf und dran, Magengeschwüre zu bekommen, die aber keine körperliche Ursache haben." Sie faßte in einen Beutel, nahm einen Ordner heraus und warf ihn auf den Tisch. „Genau *darum* bekomme ich Magengeschwüre!"

Der Ordner enthielt über hundert Seiten, engzeilig und auf beiden Seiten mit Maschine beschrieben. Der Seelsorger nahm dieses Manuskript und blätterte darin. Es enthielt genaue Aufzeichnungen, wann und auf welche

Weise ihr Mann sich während der letzten dreizehn Jahre ihr gegenüber falsch verhalten hatte.

Was hätten Sie zu dieser Frau gesagt?

Der Seelsorger überlegte einen Moment und sagte dann: „Ich habe noch nie einen Menschen getroffen, der so nachtragend ist wie Sie."

Sie sah ihn ziemlich entsetzt an, während der Mann sich ein wenig aufrichtete.

„Vielleicht sind diese Aufzeichnungen alle zutreffend (in späteren Sitzungen stellte sich heraus, daß es tatsächlich sehr genaue Aufzeichnungen waren), aber sie sind der Beweis, daß Sie dreizehn Jahre verkehrt gelebt haben. – Es ist nicht wichtig, wieviel Unrecht Ihr Mann Ihnen zugefügt hat, sondern die Frage ist jetzt, warum Sie darauf so falsch reagiert haben. In 1. Korinther 13 heißt es, daß die Liebe das Böse nicht zurechnet. Sie dagegen haben in einer lieblosen Weise dreizehn Jahre lang Aufzeichnungen darüber gemacht. Das ist Ihre Sünde. Sie bekommen nicht deshalb Magengeschwüre, weil Ihr Mann so vieles falsch gemacht hat; sie bekommen Magengeschwüre, weil sie so falsch reagiert haben."

Später kam natürlich auch die Rede auf die Dinge, die der Mann verkehrt gemacht hatte.

Dafür war er verantwortlich, und er mußte sich damit auseinandersetzen. So falsch seine Handlungsweise auch immer gewesen war, die Frau mußte lernen, in jedem Fall richtig zu reagieren.

Der Apostel Paulus hatte viel zu erleiden, aber er bekam deswegen keine Magengeschwüre. Paulus wußte, wie er dem Fehlverhalten von außen begegnen konnte.

Anstatt verbittert und negativ zu reagieren, betete Jesus für die Menschen, die ihm Böses antaten. Aber diese Frau hatte nicht nur die Sonne untergehen lassen über ihrem Zorn, sondern auch viele Monde.

Ehescheidungen sind sehr oft das Ergebnis von Zorn und Bitterkeit, die lange Zeit „geschluckt" wurden. Da kam z.B. ein Mann zu mir mit dem festen Entschluß, sich von seiner Frau scheiden zu lassen.

„Immer läßt sie die Türen offenstehen! Jedesmal, wenn sie aus einem Schrank etwas braucht, bleibt die Tür offen! Wie oft habe ich mich schon an offenen Türen gestoßen! Ich halte das einfach nicht mehr aus!"

Wollte sich der Mann tatsächlich nur wegen dieser offengebliebenen Türen scheiden lassen? Ja und nein. Die Türen waren *ein Teil* des Problems. Sie waren eine tägliche Erinnerung an Dinge, die ebenfalls ungeklärt geblieben waren. Dieser Mann hatte nicht nur Kratzer und Schrammen, weil er im Dunkeln gegen offene Schranktüren gerannt war, sondern auch, weil er Bitterkeit in sich hineingefressen hatte. Aber auf die Türen konzentrierte er sich nun, weil sie ein täglich wiederkehrendes Ärgernis bildeten.

Sind wir verbittert?

Ob wir verbittert sind, erkennen wir daran, wie wir auf kleine Schwierigkeiten reagieren. Steht unsere Erregung im richtigen Verhältnis zur Bedeutung der Sache? Es gibt Ehen, die wegen Lapalien wie Zahnpastatuben geschieden werden.

Der Mann kommt nach Hause und sieht, daß die Zahnpastatube in der Mitte zusammengedrückt ist und nicht, wie er es wünscht, vom Ende her. Er knirscht: „Sie hat es schon wieder getan!“

Oder die Frau kommt nach Hause und sieht, daß der Verschluß wieder nicht auf der Tube ist. Ärgerlich will sie etwas Zahnpasta aus der Tube pressen, aber die ist eingetrocknet. Sie drückt immer wütender, bis schließlich die Tube an einer Stelle aufplatzt – und natürlich über das neue Kleid. Sie schreit: „Dieser Mann ...! Ich lasse mich scheiden!“

Wieviel Zorn wären solche Kleinigkeiten wert? Der Mann sollte weiter nichts tun als sagen: „Nun, da hat wieder jemand die Zahnpastatube in der Mitte zusammengedrückt.“ Oder die Frau: „Zu dumm, die Zahnpasta auf meinem Kleid!“ Das ist ungefähr die Erregung, die diese Dinge verdienen. Aber statt dessen schimpfen sie los: „Dieser Mann ...! – Diese Frau ...!“ Sie sagen nicht: „Diese Zahnpasta ...!“, und das ist der Unterschied.

Wenn kleine Dinge eine solche Reaktion hervorrufen, können wir sicher sein, daß es tief innen bei uns aufgestaute Bitterkeit gibt.

Was kann man tun?

Weder das Explodieren noch das In-sich-Hineinfressen sind Reaktionen, die dem Willen Gottes entsprechen. Was kann man statt dessen tun?

Stellen Sie sich vor, es hat vier Wochen lang hintereinander geregnet. Die Kinder mußten die ganze Zeit in der Wohnung bleiben und konnten nicht draußen spielen. Sie selbst sind gereizt, und dann passiert irgendeine Kleinigkeit, und auf einmal explodieren sie.

Kann man diesen Zorn kontrollieren? Wahrscheinlich werden Sie behaupten, das sei unmöglich. Sie haben es ja schon versucht und schafften es einfach nicht. Aber wenn jemand, dem leicht „der Kragen platzt", zu mir kommt, sage ich ihm etwa folgendes: „Ich verstehe: Sie fühlen sich dann wie der Vesuv; die glühende Lava fliegt nach allen Seiten, und die Explosion ist so gewaltig, daß alle Bewohner sich in Sicherheit bringen."

„Ja, so ähnlich ist es, wenn es passiert, aber ich habe keine Kontrolle darüber; ich kann nichts dafür ..."

„Nehmen Sie einmal an, daß mitten in dieser Explosion das Telefon klingelt und jemand Sie sprechen will, auf den Sie einen guten Eindruck machen möchten; sagen wir: Ihr Pfarrer. Bekommt er auch noch etwas von der Lava ab?

Nein, die Reaktion wird vielmehr sein: ‚O hallo, wie geht es Ihnen ...'

Was ist in diesem Augenblick geschehen? Sie haben Ihren Zorn erstaunlich schnell unter Kontrolle. Also geht es doch!"

Ich sage zu dem Mann, der immer zu explodieren pflegt: „Sie kommen nach Hause, verwüsten das ganze Zimmer, schreien Ihre Frau an und sagen ihr, was sie alles verkehrt gemacht hat. Natürlich werden Sie das gleiche auch am Arbeitsplatz machen, wenn Ihr Chef irgend etwas sagt, was Ihnen nicht gefällt."

Antwort: „Nein, dort geht das natürlich nicht. Ich würde meine Stelle verlieren."

Wir haben also gelernt, bei bestimmten Gelegenheiten den Zorn zu kontrollieren, aber auch, ihm bei anderen Gelegenheiten freien Lauf zu lassen. Wenn wir meinen, es uns leisten zu können, explodieren wir, und wo wir es uns nicht leisten können, bleiben wir beherrscht. Wenn ein Mensch in der Lage ist zu lernen, seinen Zorn unter bestimmten Gegebenheiten zu kontrollieren, dann ist er erst recht durch Gottes Gnade dazu fähig.

Wer seinem Zorn freien Lauf läßt oder ihn in sich hineinfrißt, hat ihn nicht auf produktive Art und Weise genutzt. Es ist ein destruktiver Zorn. Wenn wir explodieren, richten wir unsere Kräfte gegen andere. Ich habe Leute kennengelernt, die vor Wut mit blanker Faust Türen eingeschlagen haben. Aber besonders konstruktiv war das nicht. Wer den Zorn in sich hineinfrißt, richtet ihn gegen sich selbst. Er wird krank und bekommt Magengeschwüre.

Der Zorn setzt ungeheure Energien frei, und das ist eine Chance. Wenn wir zornig sind, dann muß mit der freiwerdenden Energie irgend etwas geschehen. Wenn sie nicht schöpferisch-konstruktiv genutzt wird, dann wird sie zerstörerisch genutzt. Wo liegt nun aber die Antwort auf dieses Problem? Epheser 4,29 hilft uns auf die Sprünge. Es heißt dort frei übersetzt: „Laßt keine verdorbenen, unreinen Worte aus eurem Munde kommen, sondern nur solche Worte, die konstruktiv und aufbauend sind, die auf das Problem abzielen, das sich ergeben hat, so daß es eine Hilfe bedeutet für die, die es hören."

Anstatt unsere Wut an anderen Leuten abzureagieren oder sie gegen uns selbst zu richten, sollten wir diese Energien des Zorns auf das Problem selbst lenken. Der Zornige muß sich sagen: „Ich werde nicht explodieren und diese Sache auch nicht in mich hineinfressen, sondern ich werde nicht eher ruhen, bis dieses Problem gelöst ist, und zwar auf eine Weise, die Gottes Willen entspricht."

Viele werden nun antworten: „Ich glaube nicht, daß das funktioniert, wenigstens nicht bei mir; ich habe nicht die Kraft und den Glauben dazu."

Wir haben auch als Christen die Kraft dazu

nicht in uns, aber Gott wird uns zur rechten Zeit die Kraft geben. Diese Kraft kommt zu uns, wie Jakobus in seinem Brief sagt, dadurch, daß wir gesegnet werden, indem wir es tun. Wenn wir einfach herumsitzen und darauf warten, daß wir die Kraft bekommen, so zu handeln, werden wir lange warten müssen. Aber wenn z.B. Mann und Frau abends zusammensitzen und beginnen, gemeinsam ihre Probleme zu lösen, dann geschieht etwas Produktives: Sie werden lernen, daß ihr Zorn eine konstruktive Richtung bekommt und ihnen hilft, nach den Maßstäben Gottes zu leben.

Wohin mit der Angst?

Wenn die Angst uns im Griff hat

Wenn wir hier von Angst reden, dann meinen wir nicht das Gefühl, das uns davor bewahrt, leichtfertig auf einer Klippe herumzuklettern, oder das uns hilft, jenem Schild im Zoo zu gehorchen: „Abstand vom Löwenkäfig halten!" Hätte Gott uns nicht die Fähigkeit gegeben, uns zu fürchten, dann würde wohl keiner von uns alt.

Ich meine jene unbestimmten Ängste, die uns ab und zu überfallen, oder die Furcht vor bestimmten Dingen, die uns zu überwältigen droht. Oft ist diese so mächtig, daß man Dinge tut, die bei nüchterner Betrachtungsweise als unsinnig erscheinen. Die Angst kann den Menschen beherrschen wie ein äußerer Zwang. Aus Angst haben Menschen ihre Arbeitsstelle gewechselt, sind von einer Stadt in die andere gezogen, haben sich in ihren Häusern eingesperrt, haben getötet und sind in Nervenkliniken geflohen. Aus Angst vor Katzen, Brücken, Aufzügen oder anderen Menschen haben viele einen Lebensstil entwickelt, der mehr als seltsam ist.

Angst dieser Art, Angst, die man nicht unter Kontrolle hat, sondern die einen kontrolliert, ist die Angst, von der wir sprechen.

Befreiung um jeden Preis

Viele sagen, sie würden alles tun, nur um sich von diesem schrecklichen Ungeheuer der Angst zu befreien. Da liegt aber auch der Haken.

Es gibt eine Hoffnung, aber wir werden nichts erreichen durch Versuche, uns selbst von dieser Angst zu befreien. Dazu müssen wir zunächst einiges klären:

Erstens können Christen nie sagen: „Ich würde *alles* tun." Gott ist es, der uns sagt, was wir in jeder Lebenssituation tun sollen. Aus dieser Erkenntnis heraus kann unsere Haltung nur sein: „Ich würde alles tun, was *Gott* von mir will."

Es gibt Leute, die buchstäblich *alles* tun, um sich von der Angst zu befreien: Sie suchen sich eine andere Wohnung, bringen ihre Nachbarn um, flüchten in eine Nervenheilanstalt. Aber keine dieser Möglichkeiten zieht in Betracht, was Gott in dieser Angelegenheit will. Das Verhalten wird statt dessen von der Angst geformt und bestimmt, und ein Mensch, der aus seiner von der Angst geformten Haltung heraus handelt, kann die Angst nicht überwinden. Der Mensch, der behauptet, er würde *alles* tun, räumt damit der Angst den beherrschenden Platz ein. So zu sprechen heißt, so zu denken. So zu denken heißt, ängstlich zu denken und damit die Angst zu verstärken.

Es ist wichtig zu erkennen, was Gott will. Wir müssen an erster Stelle ihm zu gefallen suchen. Erst an zweiter Stelle kommt das Problem unserer Angst. Jesus sagt in Matthäus 6,33: „Trachtet am *ersten* nach dem Reich Gottes und nach seiner Gerechtigkeit ..."

Wenn wir irgend etwas anderes an die erste Stelle setzen – und sei es der Wunsch, sich von einer schrecklichen Angst zu befreien –, werden wir entdecken, daß wir keines der beiden Ziele erreichen: Wir werden weder frei werden von der Angst, noch werden wir Gottes Reich bauen.

Gottes Wille an die erste Stelle

Gott wird niemals mit dem zweiten Platz zufrieden sein, auch nicht hinter dem berechtigten Wunsch, von der Angst befreit zu werden. Gott erwartet von uns, daß wir ihm grundsätzlich den ersten Platz einräumen, und nicht nur mit dem Ziel, dadurch von der Angst befreit zu werden. Wenn dies durch eine Übergabe unseres Lebens an ihn geschehen ist, müssen wir anfangen zu tun, was Gott befiehlt, *trotz* unserer Angst.

Ich werde das gleich erklären, aber zunächst müssen wir erkennen, welche Verpflichtungen gegenüber Gott und unseren Nächsten wir nicht erfüllen, weil die Angst uns im Weg steht.

Schreiben Sie diese auf!

Verpflichtungen, denen ich aus Angst nicht nachkomme:

Vielleicht brauchen wir nur eine Zeile; vielleicht reichen fünf Zeilen nicht (in diesem Fall schreiben wir die fünf schlimmsten Ängste auf). Vielleicht hat jemand geschrieben: „Kann das Auto für Christus nicht einsetzen aus Angst vor dem Autofahren", oder: „Erfülle meine sexuelle Verantwortung gegenüber meinem Mann nicht aus Angst vor Sex", oder: „Habe Angst vor Menschenmengen und gehe deshalb nicht in die Kirche" oder ähnliches.

Die Angst hat viele Formen, aber wenn sie uns daran hindert, Christus zu dienen, wie wir es sollten, und wenn sie die Entwicklung und den Gebrauch unserer von Gott empfangenen Gaben hindert, bedeutet das Sünde.

Deshalb besteht die erste Aufgabe darin, festzustellen, wo ich Gottes Gebot, ihn und den Nächsten zu lieben, nicht befolgt habe. Damit sind wir der Lösung ein bedeutendes Stück näher gekommen. Denn jetzt kämpfen wir auf Gottes Seite gegen unsere Sünde. Und Gott versichert uns, daß es eine Macht gibt, die größer ist als die Angst: nämlich die Liebe. Es heißt: „Liebe vertreibt die Angst" (1. Joh. 4,18). Die Liebe ist stärker als die Angst und kann sie vertreiben. Das ist die gute Nachricht, die wir brauchen.

Die Liebe ist stärker als die Angst

Bedenken wir folgendes: Auch eine Frau, die sich vor Mäusen fürchtet, stellt sich wo nötig zwischen ihr Kind und ein wildes Tier: aus Liebe. Liebe ist eine Macht, die die Angst überwindet. Wenn das schon im gewöhnlichen Leben so ist, wieviel mehr kann Gott durch den Geist, den er uns gegeben hat, die Angst überwinden! Der Apostel Paulus schreibt an seinen jungen Mitarbeiter Timotheus: „Gott hat uns nicht gegeben den Geist der Furcht, sondern der Kraft und der Liebe und der Zucht" (2. Tim. 1,7).

Vergleichen wir einmal die Liebe mit der Angst: Die Liebe sucht Möglichkeiten zum Geben. Sie fragt: „Was kann ich für andere tun?" Die Angst fragt: „Was wird er mir antun?" Die Liebe „rechnet das Böse nicht zu"; die Angst tut fast nichts anderes. Die Liebe „glaubt alles"; die Angst ist höchst mißtrauisch. Die Liebe ist mit den heutigen Aufgaben so beschäftigt, daß sie keine Zeit hat, an morgen zu denken. Die Angst fragt: „Was wird werden?" und versäumt es, ihre Verpflichtungen für heute zu erfüllen. Die Liebe führt zu größerer Liebe und Hingabe. Die Angst dagegen führt zu größerer Angst, da die Vernachlässigung der Verantwortung zu einer zusätzlichen Angst vor den Konsequenzen der Verantwortungslosigkeit führt.

Auf einem Plakat las ich: „Die Furcht Gottes ist die einzige Furcht, die alle anderen Ängste überwindet."

Es ist interessant, daß in der Bibel die Liebe zu Gott und die Furcht Gottes fast gleichbedeutend sind. Sie bilden keinen Gegensatz, sondern arbeiten zusammen. Wer Gott genug fürchtet, um sein Wort ernstzunehmen, erfährt, daß sich diese Furcht in Liebe verwandelt.

Liebe ist der Feind jeder sündhaften Angst: die Liebe zu Gott und zu den Mitmenschen. Man kann also die Angst ablegen, indem man die Liebe anzieht. Nichts schlägt die Angst so wirkungsvoll in die Flucht wie die Liebe, die Gott durch den Heiligen Geist in unser Herz ausgegossen hat (Röm. 5,5). Alle Aufgaben, in denen wir bisher aus Angst versagt haben, müssen nun in Liebe erfüllt werden, wenn wir die Angst überwinden wollen.

Ich kann nicht, wie ich will!

„Aber das ist gerade das Problem: Jedesmal, wenn ich versuche, das zu tun, was ich tun sollte, hält mich die Angst davon ab."

Einen Augenblick, bitte! Zuerst müssen wir darüber im klaren sein: Die Angst ergreift uns nicht wie ein Ungeheuer, über das wir keine Kontrolle haben. Denn die Angst kommt aus uns selbst. Deshalb sind wir dafür verantwortlich, wenn wir Angst haben, genauso wie wir für die Liebe verantwortlich sind.

Die Liebe ist uns von Gott geboten und die Angst von ihm verboten: „Du sollst den Herrn, deinen Gott, lieben; du sollst deinen Nächsten lieben; du sollst deine Feinde lieben; du sollst nicht fürchten, was sie fürchten." Da Gott uns nicht auffordert, unsere Gefühle ein- oder auszuschalten, muß er damit meinen, daß wir jene Dinge tun sollen, die die Angst verhindern. Und wir wissen jetzt, was das für Dinge sind: Eine verantwortliche Haltung und entsprechende Taten gegenüber Gott und dem Nächsten, wie wir es oben beschrieben haben.

„Ich habe alles versucht; nichts wirkt. Mir

ist es egal, ob ich die Angst selber erzeuge oder nicht. Ich weiß nur eines: Ich kann *wegen der Angst* das nicht tun, was ich oben aufgeschrieben habe!"

Das Problem besteht nicht darin, daß wir die geforderten Taten der Liebe nicht tun können, sondern daß wir *Angst haben, wir könnten es nicht.* Manchmal drücken es die Menschen so aus: „Ich fürchte, ich kann es nicht." Diese Worte sind buchstäblich wahr: Sie haben eine solche Angst, daß sie es nicht können. Mit anderen Worten: Wir erzeugen die Angst, die uns daran hindert, Taten der Liebe zu tun. Aber beachten wir, wie diese Worte geändert werden können. An ihrer Stelle könnten wir schreiben: „Ich liebe, ich kann es ..." oder: „Weil ich lieben werde, werde ich ..."

In derselben Weise, wie wir die Worte ändern können, können wir auch die entsprechenden Taten ändern. Wenn wir die Angst in unserem Leben wie auch in unserer Sprache durch die Liebe ersetzen, *können* wir das tun, wozu uns die Liebe treibt.

Damit kommen wir zum Kern der Sache. Sie sagen, Sie haben alles probiert, um die Angst zu überwinden. Ist das richtig?

„Genau. Ich habe ungezählte Stunden dabei verbracht."

Nun, das ist gerade der Grund, warum Sie Schwierigkeiten haben, die Angst zu überwinden. Sie haben die Überwindung der Angst ganz oben auf Ihre Tagesordnung gesetzt. Damit müssen Sie Schluß machen. Es ist ähnlich wie bei einem Mensch, der sich die ganze Zeit Sorgen um das Sorgen macht.

Angst durch Liebe ersetzen

„Was? Sie meinen, daß ich nur mit dem Versuchen aufhören muß, damit die Angst aufhört?"

Nein, Sie haben mich überholt! Es stimmt, Sie müssen aufhören, die Angst überwinden zu wollen. Das kommt als erstes, aber das können Sie nicht ohne Verbindung mit etwas anderem: Sie müssen Ihre ganze Sorge von der Angst und ihren Befürchtungen abwenden und sich ganz und gar darauf konzentrieren, Taten der Liebe zu tun, die Gott erwartet.

Ebenso wie man sich in Gedanken ständig mit Angsterlebnissen beschäftigen kann, kann man sich auch mit der Planung und Arbeit im Dienst der Liebe beschäftigen. Wie wir gelernt haben, (voller Angst) auf etwas zu warten, was möglicherweise geschehen könnte, um uns in Verlegenheit und Gefahr zu bringen, so müssen wir lernen, (voller Freude) auf Gelegenheiten zu warten, wo wir Gott und den Nächsten erfreuen können.

„Aber das ist gerade der Zeitpunkt, an dem die Angst bei mir beginnt: Wenn ich anfange, an etwas zu denken, das ich tun müßte."

Nein, sogar unsere Sprache muß sich ändern (vergessen wir nicht, daß wir in derselben Sprache denken, in der wir sprechen!): Wir dürfen nicht mehr von dem Angsterlebnis sprechen oder daran denken. Statt dessen müssen wir lernen, die Liebe zu betonen. Konzentrieren wir unsere Gedanken und Worte auf das Gute, das wir einem anderen tun können! Die Liebe sieht nie auf sich selbst oder auf die Folgen einer Tat für sich selbst. Sie denkt immer an das Wohlergehen des anderen. Deshalb ist sie auch bereit, etwas zu riskieren.

Nehmen wir ein paar Beispiele. An sich wissen wir, daß die sexuelle Begegnung mit dem Ehemann keine Angst verursacht, wie viele Ehefrauen bezeugen können. Wir wissen sogar, es ist Gottes Absicht, daß Sexualität Freude macht. Wenn wir den Verkehr fürchten, können wir vermuten, daß das Problem bei uns liegt. Wir denken dann an ein Angsterlebnis, das wir hatten und das Angst verursachte. Irgendwie – auf rationale oder irrationale Weise – wurde die Angst mit dem Geschlechtsverkehr verbunden, aber sie wurde nicht dadurch verursacht. Selbst wenn das ursprüngliche Angsterlebnis seit langem vergessen ist, bleibt manchmal die Angst. Aber wenn wir lernen, dieses Angsterlebnis vom Akt der sexuellen Begegnung selbst zu unterscheiden und liebende Worte und Gedanken mit ihm verbinden, können wir die Angst überwinden. Wir müssen lernen, auf eine solche Weise zu denken, vorauszusehen und zu planen, daß wir uns mit unseren Ängsten und Sorgen nicht mehr in den Mittelpunkt stellen. Statt dessen müssen wir die Freude unseres Gefährten voraussehen und planen, wenn wir an den Geschlechtsverkehr denken.

Es gibt keine andere Möglichkeit, die Angst zu überwinden. Die Liebe allein kann uns von der Selbstprüfung ablenken, die die Angst erzeugt, und zur Fürsorge für einen anderen hinlenken, die Freude und Zufriedenheit schenkt.

„Allmählich geht mir ein Licht auf. Aber das ist bestimmt noch nicht alles?“

Nein, es kommt noch mehr. Ich werde die Frage von einem anderen Standpunkt aus betrachten: Die Angst ist so etwas wie eine sich selbst erfüllende Prophetie. Wir erinnern uns an ein schreckliches Erlebnis in der Vergangenheit; sagen wir, wir erlebten eine Halluzination in einer Menschenmenge. Das Erlebnis war furchtbar und sehr peinlich. Wir nehmen uns vor: „Ich will nicht, daß mir das wieder passiert." Während wir über die Möglichkeit nachdenken, erkennen wir, daß es wieder passieren *könnte*, und wir beginnen, *Angst zu haben*, daß es wieder geschehen *wird*.

Was ist passiert? Wir fürchten uns, weil wir befürchten, daß wir uns fürchten werden. Wir spüren, wie die Angst uns befällt, und deshalb fürchten wir, daß wir ein weiteres Angsterlebnis haben werden, was wiederum ein höheres Maß an Angst auslöst, die wir augenblicklich spüren, und deshalb fürchten wir uns noch mehr ...

Wir wußten damals nicht, daß unsere Wahnvorstellung durch Mangel an Schlaf ausgelöst wurde (vielleicht bereiteten wir uns gerade auf eine Prüfung vor). Jetzt treffen wir alle möglichen Vorsichtsmaßnahmen, um Menschenansammlungen zu vermeiden, wegen unserer Angst davor, daß wir ein weiteres Angsterlebnis haben könnten (d.h. diese Vorsorge wird von der Angst motiviert).

Je mehr Maßnahmen wir treffen, je mehr wir uns Sorgen machen, desto furchtbarer wird ein solches Erlebnis. Und je öfter wir Menschenmengen vermeiden, desto schrecklicher werden sie für uns.

Es ist nicht die Menschenmenge, die Angst erregt: Menschenmengen können das gar nicht. *Wir* haben Angst, aber die Menschenmenge fürchten wir, weil wir Angsterlebnisse in Verbindung mit Menschenmengen gehabt haben. Unsere Angst vor der Angst ruft die Angst hervor.

„Nun, das sehe ich inzwischen ein. Aber wie soll ich aufhören, vor der Angst Angst zu haben, und wie fange ich an, Gott und andere zu lieben?"

Indem wir uns vornehmen, andere zu lieben, wie die Bibel es befiehlt, und indem wir es in die Praxis umsetzen, werden wir den Übergang von einem von Angst beherrschten Leben zu einem von der Liebe beherrschten Leben schaffen. Es gibt keine andere Möglichkeit. Der Versuch, sich nicht zu fürchten, erzeugt nur Angst. Er erzielt genau das Gegenteil. Wenn wir versuchen, uns nicht zu fürchten, fürchten wir schon, daß wir uns fürchten werden. Sonst würden wir erst gar nicht krampfhaft solche Versuche machen.

Statt dessen müssen wir es lernen, das zu tun, was Gott von uns erwartet, *ob wir dabei nun Angst haben oder nicht*. Das ist der Schlüssel, der die Gefängnistür aufschließt.

Sagen wir Gott in eigenen Worten etwa folgendes: „Herr, wenn ich noch ein Angsterlebnis haben sollte, werde ich es einfach hinnehmen müssen. Ich will es in deine Hände legen."

Das meinte Petrus, wenn er schrieb: „Alle eure Sorgen werfet auf ihn; denn er sorgt für euch" (1. Petr. 5,7).

Dann treffen wir unsere Vorbereitungen und tun das, wofür wir von Gott die Verantwortung bekommen haben. Füllen wir unsere Gedanken aus mit der Fürsorge für andere Menschen. Denken wir an das, was wir aus Liebe tun wollen, nicht an das Angsterlebnis, das wir gern vermeiden möchten. Erlauben wir uns nicht den Genuß, an das Angsterlebnis zu denken. Dieser Genuß ist zu teuer.

Wenn man merkt, daß die Gedanken auf verbotenes Gebiet zurückkehren (und wir können sicher sein, daß das geschehen wird – besonders am Anfang, wenn unsere Gedanken noch nicht zur Liebe erzogen und diszipliniert sind), ändert man bewußt seine Gedankenrichtung.

Die Auffassung muß in uns wachsen: „Wenn ich ein Angsterlebnis habe, na und? Es ist unangenehm, es stört, aber ich werde es überleben – wenigstens habe ich es bisher überlebt." Wenn man so denken kann, hat die Umwandlung schon begonnen.

Wenn wir den biblischen Geboten Gehorsam leisten und den Gefühlen der Angst keinen Raum lassen, die uns nur von unseren Pflichten abhalten, werden wir entdecken, daß die alten Gewohnheiten schnell absterben. Wir werden wahrscheinlich ab und zu versagen, aber das braucht uns nicht zu entmutigen. Denn mit Gottes Hilfe werden unsere Niederlagen von heute unsere Siege von morgen sein.

Trainingsprogramm für ein neues Leben

Ab morgen wird alles anders!

Erinnern wir uns noch an den letzten Gottesdienst, den wir mit dem Entschluß verließen, alles zu ändern? Ein neues Leben sollte beginnen. „Dieses Mal“, sagten wir, „ist es mir Ernst damit.“ Doch am Dienstag war das Feuer bereits erloschen.

Als wir das letzte Mal ein Buch wie dieses lasen, haben wir vielleicht gesagt: „Von jetzt an …“, aber wir sind immer noch dieselben Leute wie damals. Wir wollten das Richtige, aber nichts geschah. Wir haben es versucht, aber nicht geschafft.

Es gab wohl manche Veränderung, ein bißchen Wachstum und etwas Segen, aber nicht die Erneuerung, die wir ersehnt hatten.

Das ist die Erfahrung vieler Christen. Wir sind mit diesem Problem nicht allein. Manche haben die Hoffnung aufgegeben. Aber immerhin trifft man von Zeit zu Zeit Christen, deren Leben anders ist. Irgendwie muß die Antwort zu finden sein.

Warum sind unsere Versuche fehlgeschlagen? Warum gelingt uns die Änderung selbst kleiner Dinge so selten? Unser Hauptproblem ist, daß wir versuchen, von heut auf morgen ein Leben zu führen, das Gott gefällt. Der Vorsatz mag zwar fromm sein, und es gibt auch alles mögliche fix und fertig, vom Fertig-Pudding bis zum Fertighaus, aber ein fertiges Rezept für geistliches Leben gibt es nicht.

Übung macht den Meister

Die Bibel sagt sehr klar, wie wir zur Gottesfurcht kommen können. „*Übe dich* in der Gottesfurcht", schreibt Paulus im ersten Brief an Timotheus (4,7). Übung, Disziplin ist das Geheimnis der Gottesfurcht.

Das Wort Disziplin ist heute nicht besonders beliebt. Und doch gibt es keinen anderen Weg, um eine Veränderung im Leben zu bewirken; Disziplin ist der Weg zu einem erneuerten Leben. Wir müssen uns Disziplin angewöhnen, wenn wir ans Ziel kommen wollen.

Wir haben als Christen nicht einmal die Wahl, ob wir gottesfürchtig leben wollen oder nicht. Die Worte des Apostels Paulus kommen einem Befehl gleich, mit dem Gott uns das Ziel setzt. Gott will, daß seine Kinder ihn ehren. Deshalb gibt er ihnen den Auftrag, sich in der Gottesfurcht zu üben. An anderen Stellen unterstreicht er das: „Seid heilig, wie auch ich heilig bin" und: „Seid vollkommen, wie auch ich vollkommen bin" (Matth. 5,48). Gewiß, die Vollkommenheit selbst werden wir in diesem Leben nicht erreichen (1. Joh. 1,8), aber vollkommene Gottesfurcht ist ein Ziel, das jeder Gläubige Tag für Tag anstreben soll. Das bedeutet, ein Leben zu führen, in dem Gott zu seinem Recht kommt. Wir sollen Gott gefallen, indem wir unser Denken, Tun, Reden und Fühlen an seinem Willen orientieren.

Sie wenden ein: „Aber solche Verallgemeinerung ist genau das, was ich nicht hören kann. Ich weiß, daß Gott mich gottesfürchtig haben möchte, aber das ist gerade das Problem: Ich lebe kein diszipliniertes Leben, und Sie haben mir nicht gesagt, wie ich es kann!"

Moment, das kommt gleich, aber alles zu seiner Zeit! Wenn wir Disziplin lernen wollen, müssen wir Geduld lernen. Weder die Gottesfurcht selbst fällt vom Himmel, noch gibt es eine kurze Erklärung, wie sie zu erreichen ist.

Man muß ein Ziel haben

Kehren wir zu unserem Ausgangspunkt zurück: Wenn unser Leben auf Gottesfurcht ausgerichtet ist, werden wir dieses Ziel ständig vor Augen haben. Bei der Arbeit, zu Hause oder in der Schule werden wir denken: „Ich soll Christus in dieser Arbeit verherrlichen." Wenn wir an Jesus Christus als unseren Retter glauben, dann *haben* wir dieses Ziel. Es kann Zeiten geben, in denen wir entmutigt oder müde werden, so daß wir das Ziel aus den Augen verlieren oder es uns vielleicht sogar lästig ist. Aber wenn jemand wirklich an Jesus glaubt, wird der Brunnen niemals ganz austrocknen; tief in seinem Herzen wird das Verlangen wieder wach werden. Wir werden „nach Gerechtigkeit hungern und dürsten".

Wenn Paulus schreibt: „Ist jemand in Christus, so ist er eine neue Kreatur. Das Alte ist vergangen, siehe, Neues ist geworden" (2. Kor. 5,17), dann meint er folgendes: Der Heilige Geist hat unser Leben auf Gott und seine Herrlichkeit ausgerichtet und uns ein neues Ziel gesteckt. Aber dadurch werden wir nicht automatisch gottesfürchtig. Durch das Werk Jesu sind wir in Gottes Augen vollkommen, aber augenblicklich sind wir noch weit von diesem Ziel entfernt.

Das Problem ist, daß die vielen *alltäglichen* Dinge noch nicht auf Gott ausgerichtet sind, obwohl die neue Orientierung grundsätzlich da ist. Der „alte Mensch" (die alte Lebensweise) ist immer noch unser unerwünschter Begleiter. Wir entdecken, daß unser Leben selten geschlossen auf das Ziel gerichtet ist. Wir haben noch nicht gelernt, Gottesfurcht einzuüben. Wie aber geschieht das?

Fit durch tägliches Training

Lernen bedeutet Arbeit, anhaltende, tägliche Anstrengung. Von dem Wort, das Paulus im Griechischen verwendet („gymnadso"), sind die Wörter „Gymnastik" und „Gymnasium" abgeleitet. Es ist ein Ausdruck, der für Athleten gebraucht wird. Ein Athlet wird nur durch hartes Training zum Spitzensportler. Meinen Sie etwa, Boris Becker wäre dadurch einer der besten Tennisspieler der Welt geworden, daß er einfach beschloß, Tennisspieler zu werden? Wir wissen genau, daß er hart trainieren mußte, um der hervorragende Spieler zu werden, der er heute ist. Kein angehender Gewichtheber sagt: „Hier ist ein großes Gewicht. Ich habe so was zwar noch nie gemacht, aber ich werde versuchen, es zu heben.“ Er wird sich das Rückgrat oder sonstwas brechen! Zunächst muß er mit leichten Gewichten anfangen, dann, über Monate und Jahre hinweg, wird das Gewicht gesteigert. So kann er sich zum schwersten vorarbeiten. Er wird auch nicht sagen: „Diese Woche trainiere ich jeden Tag fünf Stunden, dann kann ich es die nächste Woche seinlassen.“ Athleten müssen *regelmäßig* üben, gewöhnlich jeden Tag. Sie trainieren, bis ihr Training ihnen zur zweiten Natur wird.

So arbeitet ein Athlet. Und genau das steckt in dem Wort, das Paulus gebraucht. Dauernde, tägliche Übung ist ein wesentlicher Bestandteil christlicher Disziplin.

Disziplin in diesem Sinn fehlt vielleicht in Ihrem Leben. Es ist höchste Zeit zu erkennen, daß wir es durch konsequentes Üben lernen, Gottes Willen zu tun.

Was bedeutet das praktisch? In Lukas 9,23 sagt Jesus zu seinen Jüngern: „Wer mir folgen will, der verleugne sich selbst und nehme sein Kreuz auf sich täglich ...“ Jesus sagt nicht, daß wir *irgend etwas* verleugnen sollen, sondern daß wir uns *selbst* verleugnen sollen, unser

Ich. Mit dem „Ich“ meint Jesus unsere alten Wünsche, die alten Wege und Gewohnheiten, die wir uns vor dem Schritt zum Glauben aneigneten. Sie wurden so sehr Teil unserer selbst, daß wir sie schließlich ganz „natürlich“ fanden. Jeder Mensch ist zwar als Sünder geboren, aber jeder hat auch einen eigenen entsprechenden Lebensstil entwickelt. Weil das alte Leben gegen Gott gerichtet ist, muß der Glaubende *täglich* sein Ich verleugnen.

Wenn die Bibel uns auffordert, etwas „abzulegen“, redet sie zugleich davon, was wir stattdessen „anziehen“ sollen. Gottesfurcht zu üben bedeutet, dauernd „nein“ zum Ich und „ja“ zu Christus zu sagen, bis die alten Gewohnheiten durch neue ersetzt sind. Es bedeutet, daß wir durch tägliche Übung es auf die Dauer natürlicher finden, Gottes Willen zu tun, als ihn nicht zu tun. Der Heilige Geist befähigt den Gläubigen, den alten Menschen abzulegen und den neuen anzuziehen.

Gute Gewohnheiten

Gott gab dem Menschen eine wunderbare Fähigkeit: die Gewöhnung. Wenn wir etwas lange genug tun, wird es Teil von uns. Haben Sie zum Beispiel heute morgen Ihren Mantel von oben nach unten oder von unten nach oben zugeknöpft? Sie überlegen? Sie sagen also nicht zu sich selbst: „Ich werde jetzt meinen Mantel zuknöpfen, heute beginne ich oben ..." Daran verschwenden wir keinen Gedanken, das geht „von selbst".

Diese Fähigkeit, etwas aus Gewohnheit zu tun, hat Gott uns gegeben. Nehmen wir ein anderes Beispiel. Denken Sie daran, wie Sie zum ersten Mal am Steuer eines Autos saßen. Ein beklemmendes Gefühl! „Hier oben ist das Lenkrad, und hier unten sind mehrere Pedale und da die Hebel und Knöpfe! All das soll ich richtig gebrauchen und gleichzeitig noch auf die Straße und die Verkehrszeichen achten ... Wie soll ich das jemals lernen?" Können Sie sich an diese Zeit erinnern? Und heute? Gegen Mitternacht steigen Sie in Ihr Auto. Sie stekken den Schlüssel ins Zündschloß, zünden den Motor, schalten das Licht an, legen den Gang ein, lösen die Handbremse und fahren los. Während dieser ganzen Zeit erörtern Sie mit Ihrem Beifahrer irgendwelche Dinge. Ist das nicht erstaunlich? Sie haben gelernt, komplizierte Vorgänge unbewußt zu verbinden. Wie haben Sie das gelernt? Sie fuhren so lange Auto, bis es für Sie ganz natürlich wurde. Genau das meint Paulus mit „üben".

Im Hebräerbrief wird dieser Sachverhalt sehr deutlich erklärt. Dort werden Christen angesprochen, die immer noch nichts gelernt haben, obwohl sie Gottes Wort schon oft hörten. Der Grund für den Stillstand ist, daß sie das Gehörte nicht anwendeten. Deshalb müssen sie noch unterwiesen werden, obwohl sie schon selbst andere unterrichten sollten. „Wem man noch Milch geben muß, der ist unerfahren in dem Wort der Gerechtigkeit." Und weiter: „Den Vollkommenen aber gehört starke Speise, die durch *Gewohnheit* haben *geübte* Sinne, zu unterscheiden Gutes und Böses" (Hebr. 5,13-14). Das ist es! Das Einüben der Gottesfurcht führt zum gottesfürchtigen Leben. Es macht die Gottesfurcht „natürlich". Wenn wir praktizieren, was Gott uns sagt, wird dieser Gehorsam ein Teil von uns selbst.

Vielleicht werden manche sagen: „Ich kann das nicht." Dabei haben sie es ja bereits getan. Sie haben unbewußt Gewohnheiten entwikkelt. – Die Fähigkeit, sich an etwas gewöhnen zu können, steht außer Frage. Nur wird sie meist für die falschen Ziele eingesetzt. Wir können Gewohnheiten nicht vermeiden. Aber ob sie sich als Segen oder als Fluch auswirken, das hängt ganz davon ab, was wir einüben! Womit wir unser Leben speisen, das wirkt sich aus. Es ist wie bei den Daten, mit denen ein Computer gefüttert wird. Ein Computer ist nie besser als die Daten, mit denen er arbeitet.

In 2. Petrus 2,14 spricht Petrus von Menschen, deren Herz „in Habsucht geübt" ist. Er benutzt hier dasselbe Wort – üben (gymnadso) – wie Paulus. Ein Herz, das in der Habsucht *geübt* ist, hat die Habsucht so lange praktiziert, bis sie „natürlich" wurde. Ohne bewußt darüber nachzudenken, handelt solch ein Mensch „automatisch" habsüchtig.

Weil wir von Gott die Fähigkeit erhalten haben, unser Leben in gewohnheitsmäßigen Bahnen verlaufen zu lassen, sollten wir diese unbewußten Gewohnheiten in unserem Leben aufspüren und sie uns bewußtmachen. Diese Gewohnheiten müssen am Wort Gottes gemessen werden. Was wir als Kinder zu tun lernten, setzen wir gern als Erwachsene fort. Jeden Bereich unseres Lebens müssen wir analysieren und bestimmen, ob er nach Gottes Willen oder in der Weise des „alten Menschen" gelebt wird.

Es gibt nur einen Weg, ein gottesfürchtiger Mensch zu werden: sein ganzes Leben auf Gottesfurcht hin auszurichten, und zwar einen Bereich nach dem andern. Die alten, eigenen Wege müssen, sobald sie erkannt sind, durch neue Wege nach Gottes Willen ersetzt werden. Das ist es, was ein diszipliniertes Leben ausmacht. Disziplin erfordert als erstes die Selbstprüfung, dann das Ablegen der alten Wege (ein tägliches „Nein-sagen") und schließlich die Praxis, Jesus auf neuen Wegen zu folgen durch die Kraft des Heiligen Geistes. Der biblische Weg zur Gottesfurcht ist weder leicht noch billig, aber es ist ein Weg, auf dem wir Grund unter die Füße bekommen.

Jeder kann aus seiner Haut heraus

Ein Ratsuchender fragte, ob ein solcher Wandel überhaupt möglich ist: „Kann ein fünfzigjähriger Mann sich noch ändern?" Es war ihm mit dieser Frage vollkommen ernst. Da saß ich nun, ein 45jähriger Seelsorger, und überlegte: „Dauert es nur noch 5 Jahre, bis ich mich einfrieren lassen kann?" Da fiel mir das Jo-Jo-Spiel ein. Kennen Sie es? Es war vor kurzem wieder modern. Als 45jähriger erinnere ich mich noch lebhaft an das „Jo-Jo-Zeitalter" in meiner Kindheit. Die „Duncan Jo-Jo

Company" hatte damals ein sehr gutes Werbesystem und wirklich viel bessere Jo-Jos. Heute gibt es Plastikmodelle, die alten Holzmodelle waren besser. Die „Duncan Company" veranstaltete Wettbewerbe, und in jedes Geschäft kam ein Vertreter, um den Kindern die besten Tricks zu zeigen. Wenn man lange genug trainierte, konnte man all diese Tricks anwenden und mit dem Jo-Jo umgehen, wie man wollte.

Ich hatte jahrzehntelang kein Jo-Jo angerührt, bis vor kurzem meine Kinder mit Jo-Jos heimkamen. Aber sie hatten keine Ahnung, wie man damit umgeht. Mein Sohn wußte nicht einmal, welchen Finger man dazu benutzt. Es gab keine Vertreter mehr, die es ihm zeigten. Was blieb mir anderes übrig, als es ihm selbst beizubringen? Ich nahm es, machte eine Schlaufe in die Schnur, steckte den Finger durch, und nach ein paar Anläufen kam das Gefühl dafür zurück. Die Augen meines Sohnes wurden immer größer, als ich ihm die Tricks zeigte. Ich brauchte nicht lange zu üben, die damals gelernte Geschicklichkeit war wieder da.

Wie kann sich ein Fünfzigjähriger ändern? Kann er wirklich anders werden? Können wir auch noch im fortgeschrittenen Alter ein gottesfürchtiges Leben beginnen? Bestimmt! Das sagte ich auch jenem Ratsuchenden: „Als ich zehn Jahre alt war, lernte ich, ein Jo-Jo zu gebrauchen, und jetzt, viele Jahre später, waren mir die alten Gewohnheiten noch geläufig." Die Frage ist nicht, ob ein Fünfzigjähriger sich ändern kann, sondern: Kann sich jemand ändern, nachdem er einmal etwas Falsches gelernt hat? Vielleicht sind Sie seit Jahren nicht mehr Fahrrad gefahren, aber Sie könnten es heute wieder. Wahrscheinlich würde es keine fünf Minuten dauern, bis Sie „das Gefühl dafür" wieder hätten. Aber auch verkehrte Gewohnheiten können abgelegt werden, wenn wir uns daranmachen, neue Gewohnheiten einzuüben, die einem Leben im Glauben entsprechen. Wenn wir uns in der Gottesfurcht üben wollen, brauchen wir es nicht allein zu tun. „Gott ist es, der in euch wirkt ..." (Phil. 2,13). Alle Heiligkeit, alle Rechtschaffenheit, alle Gottesfurcht sind „Früchte des Geistes" (Gal. 5,22.23). Es braucht nichts als die Kraft des Heiligen Geistes, um die Gewohnheiten des alten Lebens ohne Gott durch neue (gottgefällige) zu ersetzen. Das gilt für einen Zehnjährigen genauso wie für einen Fünfzigjährigen. Gott hat niemals gesagt, daß sich ein Mensch, wenn er vierzig oder fünfzig oder achtzig Jahre alt ist, nicht mehr ändern kann. Schauen wir uns nur Abraham an, was er – trotz seines Alters – noch vermochte. Welche Änderungen verlangte Gott von ihm! Der Heilige Geist kann jeden ändern.

Als Christen brauchen wir uns nicht vor Veränderungen zu fürchten. Christenleben ist ständige Änderung. Die Bibel nennt das Leben eine „Wanderung", keine Rast. Wir können in diesem Leben niemals sagen: „Ich habe das Ziel erreicht. Es gibt nichts mehr zu lernen, nichts, was ich morgen neu in die Praxis umsetzen könnte, keine Sünde mehr abzulegen." Als Christus sagte: „Nimm dein Kreuz auf dich täglich und folge mir nach", machte er mit dieser Einstellung Schluß. Er stellte das Christenleben dar als einen täglichen Kampf um Änderung. Wir können uns ändern, wenn der Heilige Geist in uns lebt. Ohne ihn gibt es keine Hoffnung.

Kein Grund zum Aufgeben

Zu viele Christen geben auf. Sie wollen die Änderung zu bald. Sie wollen Änderung ohne täglichen Kampf. Manchmal geben sie auf, wenn sie dem Erfolg schon ganz nahe sind.

Sie hören auf zu kämpfen, ohne die Früchte zu ernten. Normalerweise dauert es mindestens drei Wochen, bis sich ein Mensch an eine neue Tätigkeit gewöhnt hat. Und es braucht nochmals etwa drei Wochen, damit sie Teil eines Menschen wird. Aber viele Christen halten nicht einmal drei Tage durch. Wenn sie nicht sofort Erfolg haben, verlieren sie den Mut. Was sie möchten, wollen sie jetzt haben, und wenn sie es nicht erreichen, geben sie auf.

Denken wir einen Augenblick über dieses Problem nach. Erinnern Sie sich noch daran, wie Sie Schlittschuhlaufen lernten? Was geschah, als Sie das erste Mal auf dem Eis standen? Sie wissen, was geschah: sst-peng! Sie bekamen ein feuchtes Hinterteil. Das geschah jedesmal, wenn Sie wieder aufstanden und es nochmals versuchten: sst-peng. Niemand lernt Schlittschuhlaufen, ohne hinzufallen. Als Sie nun frierend dastanden, mußten Sie eine Entscheidung fällen: „Soll ich weitermachen oder das Ganze aufgeben?" Vielleicht haben Sie es nach dem zweiten Sturz aufgegeben und seither nicht gelernt. Viele Leute entscheiden sich so. Sie finden Schlittschuhlaufen nicht der Mühe wert, die es mit sich bringt. Aber andere machen trotzdem weiter. Sie stehen auf und beginnen von Neuem: sst-peng, sst-peng, sst-peng, dann ssst-peng. Etwas ist geschehen. Bevor Sie es verstehen, geht es sssssst-peng, sssssssssst-peng und schließlich ssssssssssssss .... Wenn Sie lange genug üben, haben Sie keine Probleme mehr mit dem Schlittschuhlaufen.

Vielleicht hatten wir Angst, mit jemandem über Christus zu reden. Vielleicht haben wir es ein- oder zweimal versucht, und – soweit es uns betraf – ging es sst-peng! Angenommen, wir wurden wirklich etwas „feucht". Na und? Ist das so schlimm? Ist das ein Grund zum Aufgeben? Bestimmt nicht! Es ist nur ein Teil des Lernens. Angenommen, es fällt uns schwer, täglich die Bibel zu lesen und zu beten; ist das ein Grund zu resignieren? Nein! Wenn wir drei Wochen lang geübt hätten, dann könnten wir jetzt Schlittschuhlaufen. Wenn wir wirklich gottesfürchtig werden wollen, dann müssen wir auf dem „Eis" bleiben. Lassen wir uns nicht durch das „feuchte Hinterteil" entmutigen. Wenn es uns nichts ausmacht, naß zu werden, wird es bald viel mehr Sssssts und viel weniger Pengs geben; schneller, als wir denken.

In der Seelsorge stelle ich immer wieder denselben Fehler bei Christen fest: einen Mangel an dem, was die Bibel „Ausharren" nennt.

Sie geben auf. Ausharren ist vielleicht der Schlüssel zur Gottesfurcht durch Disziplin. Wir hätten niemals Schlittschuhlaufen gelernt, nie gelernt, ein Jo-Jo zu benutzen, unseren Mantel zuzuknöpfen oder Auto zu fahren, wenn wir nicht lange geübt hätten. Wir haben es gelernt, weil wir trotz Mißerfolgen durchgehalten haben, bis das Erwünschte für uns „zur zweiten Natur" wurde. Genau dasselbe gilt auch für die Gottesfurcht.

Nicht aus eigener Kraft

Die Bedeutung, die die Bibel auf menschliche Anstrengung legt, darf jedoch nicht mißverstanden werden. Wir sprechen hier von einer Anstrengung, die durch den Heiligen Geist motiviert wird. Nicht unsere Anstrengung allein, ohne den Heiligen Geist, bewirkt Gottesfurcht, sondern durch die Kraft des Heiligen Geistes allein ist das Ziel erreichbar. Beim Schlittschuhlaufen können wir aus eigener Kraft durchhalten, aber um gottesfürchtig zu werden, reicht sie nicht aus. Ein Christ leistet gute Arbeit, weil der Heilige Geist in ihm arbeitet. Das ist keine geheimnisvolle Sache. Der Heilige Geist hat uns gesagt, wie er arbeitet. Er sagt *in* der Schrift, daß er gewöhnlich *durch* die Schrift wirkt. Die Bibel ist *das* Werkzeug des Heiligen Geistes. Wir haben dieses Buch nicht bekommen, damit wir es beiseite legen. Unsere eigenen Gedanken und Anstrengungen werden für das Ziel, die Gottesfurcht zu erreichen, niemals ausreichen. Es gibt keinen einfacheren Weg zur Gottesfurcht als betendes Studium und gehorsames Ausführen des Willens Gottes.

Freiheit verlangt Disziplin. Heute sollen wir vom Gegenteil überzeugt werden. Uns wird gesagt, daß wir Freiheit bekommen, wenn wir Ordnung und Disziplin über Bord werfen. Aber stellen Sie sich vor, ich wollte Orgel spielen lernen und hätte beschlossen, Ordnung und Disziplin zu vergessen. Ich würde die Gesetze der Harmonie ignorieren und über Takteinteilung lachen. Da ich geordnetes, diszipliniertes Üben für Unsinn halte, würde ich erklären: „Ich will frei spielen, also setze ich mich jetzt hin und fange an zu spielen, wie es mir gefällt." Nicht auszudenken! Ich werde niemals lernen, Orgel zu spielen, wenn ich nicht Tag für Tag und Woche für Woche übe, bis endlich meine Finger sauber und geschickt arbeiten. Wenn ich dann weitermache, wird schließlich der Tag kommen, an dem ich meine Musikblätter wegwerfe und eigene schreibe. Aber das wird nur gelingen, wenn ich den harten Weg gehe. Die Reihenfolge lautet: Zuerst konsequente Disziplin, dann Freiheit.

Auch zum Leben ist eine Ordnung nötig, und die finden wir in der Bibel. Durch Gottes Gnade macht diese Ordnung Menschen gottesfürchtig.

Lesen wir regelmäßig die Bibel, tun wir betend, was sie sagt, *ohne Rücksicht auf unsere Gefühle*. Das fällt uns vielleicht besonders schwer. Wir geben auf, weil wir uns nicht danach fühlen.

Heute morgen hatten wir alle sicher keine Lust aufzustehen. Aber trotzdem mußten wir es tun, und nach einer Weile fühlten wir uns anders und waren froh, daß wir gegen unsere Gefühle gehandelt hatten. Nach dieser ersten Entscheidung ist der Tag mit ähnlichen Entscheidungen gefüllt, die im Gehorsam gegen Gott getroffen werden, nicht im Gehorsam gegen unsere Gefühle.

Die entscheidende Frage

Es gibt im Grund nur zwei Arten zu leben. Entweder: „Ich lebe nach meinen Gefühlen", oder: „Ich lebe nach Gottes Willen." Wir sehen das schon bei Adam und Eva. Gott gab einen Befehl und verlangte Gehorsam. Der Teufel aber erweckte den Wunsch: die Lust der Augen, des Fleisches und den Hochmut des Lebens (1. Joh. 2,16/1. Mose 3,6). Als der Mensch sündigte, vertauschte er das auf Gehorsam hin orientierte Leben der Liebe gegen das auf Gefühl hin orientierte Leben der Lust. Es gibt nur zwei Lebensarten: das gefühlsbetonte Leben der Sünde, das sich am „Ich" orientiert, und das vom Gehorsam bewegte Leben der Heiligkeit, das sich an Gott orientiert. Ein Leben, das sich nach Gefühlen richtet, ist das größte Hindernis für die Gottesfurcht. Gottesfürchtiges Leben kommt nur aus biblischer Ordnung und Disziplin.

Sind Sie gottesfürchtig? Wollen Sie es sein? Es gibt nur einen Weg: Verfolgen Sie das Ziel der Gottesfurcht, bis Sie wirklich gottesfürchtig werden. Aber keiner kann sich auf dieses Ziel konzentrieren, wenn er nicht zuerst seine Sünde gegen den heiligen Gott erkannt hat. Wenn Sie wirklich bereuen, daß Sie ihn übergangen haben und bis jetzt Ihr eigenes Leben lebten, dann wenden Sie sich im Glauben an seinen Sohn. Jesus ist der einzige gewesen, der wirklich gottesfürchtig lebte. Aber Ihre Sünde wird als seine angerechnet und seine Gottesfurcht als die Ihre, wenn Sie sich auf seinen Tod und seine Auferstehung für Ihre Rettung verlassen. Wenn Gottes Geist Sie von Ihrer Sünde und Ihrem Bedürfnis nach einem Retter überzeugt hat, wenden Sie sich jetzt an Jesus. Wollen Sie Gott glauben, daß Jesus für Sie – an Ihrer Stelle – Gottes Zorn für Ihre Sünde trug? Wenn Sie es glauben, sind Sie gerettet. Dann sind Sie ein Mensch, dem der unfaßbare Vorzug und die unvergleichliche Herausforderung gilt, sich auf Gottesfurcht auszurichten, das heißt, auf Jesus Christus selbst.